AF360175

SOUVENIR DU 20 MARS 1879

DISCOURS

DE

M. L'ABBÉ MORISSON

CHANOINE DE LA CATHÉDRALE DE POITIERS

FONTENAY-LE-COMTE

CHARLES CAURIT, IMPRIMEUR

1879

SOUVENIR

DU 20 MARS 1879

DISCOURS

DE

M. L'ABBÉ MORISSON

CHANOINE DE LA CATHÉDRALE DE POITIERS

FONTENAY-LE-COMTE

CHARLES CAURIT, IMPRIMEUR

—

1879

A MARIE ET A LUDOVIC.

R. V.

Le 20 mars 1879, a été célébré dans l'église cathédrale de Poitiers le mariage de M. Ludovic Vallette, juge suppléant près le tribunal des Sables-d'Olonne, fils de M. C. Vallette, notaire honoraire, ancien maire de la ville de Fontenay-le-Comte, avec Mlle Marie Aubugeois de Lavilledubost, fille de l'honorable Conseiller à la Cour de Poitiers.

La bénédiction nuptiale a été donnée par M. le chanoine Morisson, qui a adressé aux jeunes époux ce remarquable discours :

 A religion, chers Epoux, marque par ses sacrements chacune des phases de la vie humaine. Elle reçoit l'enfant sur les fonts du baptême, confirme avec le chrême parfumé l'adolescent dans la grâce. et un jour, souvenir délicieux ! dresse devant lui la table de la première communion. Quand le jeune homme et la vierge ont atteint la maturité de l'âge en même temps que la plénitude de la force, la religion intervient encore pour sanctifier et consacrer l'union conjugale des époux par le ministère des prêtres.

L'Eglise confie au propre pasteur, à l'exclusion de tous autres, la bénédiction des noces. Je remercie donc le digne curé de cette paroisse qui, avec la grâce qui lui est habituelle et dont je garderai précieusement le souvenir, me confère les priviléges d'une paternité spirituelle que j'apprécie en ce moment comme un honneur et un bonheur.

Si l'éloge dans le discours se prolonge plus que de coutume, que la faute retombe moins sur l'orateur habituellement concis que sur la richesse des matériaux.

Saint Paul, parlant du mariage chrétien, l'a appelé *un grand Sacrement*. Tel il apparaît tout d'abord par son institution : son origine remonte aux âges d'innocence et nous reporte au Paradis terrestre. Voyez la solitude de l'homme après sa création ; il est incomplet, parce qu'il lui manque une compagne ; aussi Dieu s'empresse de lui adjoindre la femme : il unit ces deux cœurs en un et donne lui-même, dans le jardin de l'Eden, la première des bénédictions nuptiales aux premiers auteurs du genre humain.

Si, dans la suite des siècles, par la passion des hommes et la tolérance divine, l'unité primitive est altérée, Jésus-Christ rétablit les choses en leur premier état ; il sanctifie les noces par sa présence et son miracle à Cana ; il restitue au lien conjugal son indissolubilité, en sorte que le législateur humain, quoi qu'il fasse, n'aura jamais le droit de séparer ce que Dieu a uni ; d'un contrat naturel et d'une cérémonie légale il fait un sacrement auquel rien ne manquera, ni le signe, ni la grâce. La plus haute, la plus sublime, la plus auguste des alliances, celle du Verbe incarné avec l'Eglise, deviendra le type et servira de modèle à l'union de l'homme et de la femme. Le rite sacré conférera aux époux la grâce puissante de porter les sévères lois du mariage et les grandes obligations qu'il impose. Ainsi se trouve rehaussé et sanctifié dans le Christ l'amour mutuel de l'homme et de la femme, le contrat naturel élevé à la dignité de sacrement. .

Or, votre union, Epoux chrétiens, est une de celles que le doigt divin a visiblement marquées de son empreinte. Avant que des circonstances providentielles vous eussent révélés l'un à l'autre, Dieu, de longue date, avait fusionné vos deux âmes en établissant entr'elles une communauté héréditaire de sentiments, de principes, de traditions.

MONSIEUR,

Je vous connais depuis trop peu de temps, pour qu'il m'ait été loisible de fouiller à fond les archives de votre famille. Je sais pourtant que vous remontez haut : sous le grand Roi, vos aïeux présidaient l'édilité de Fontenay, sur la terre vendéenne ; plus tard, et tour à tour, votre race s'honora dans les rangs du sacerdoce, donna des martyrs à l'Église lors de notre sanglante Révolution, et fut éprouvée par une mort glorieuse dans nos derniers malheurs. L'avant-dernier de vos ascendants, médecin chrétien, s'est illustré par son dévouement en consacrant sa vie au soin des pauvres dans les hôpitaux. Longtemps le premier dans la commune comme dans l'arrondissement, rehaussant l'exercice professionnel du notariat par la participation à la direction de toutes les œuvres de charité et de bienfaisance, aujourd'hui jouissant dans la retraite de l'*otium cum dignitate* des anciens, le père voit rejaillir sur son fils l'éclat d'un nom honoré et honorable. A la considération dont est entouré, dans tous ses membres, le foyer domestique, vous ajoutez, Monsieur, le mérite personnel de la foi religieuse, de la science du magistrat, de la publication de travaux littéraires, et de la connaissance de ces arts qui font l'agrément de la vie. Étant tel, Dieu vous donne, selon sa parole, une compagne de tout point semblable à vous. *Faciamus ei adjutorium simile sibi.*

MADEMOISELLE,

Votre arbre généalogique, si bien décrit par une plume que son mérite et le sang vous rendent chère, proclame que depuis de longs siècles les vôtres ont bien mérité de l'Eglise et de l'Etat. Dans le passé, vos ancêtres ont donné des prêtres au sanctuaire et des chanoines renommés à la collégiale de Saint-Pierre du Dorat : aujourd'hui, deux de vos sœurs sont consacrées à Dieu ; l'une prie sur les hauteurs contemplatives du Carmel, tandis que l'autre, rangée sous la bannière des Filles de Saint-Vincent-de-Paul, exerce sur la terre africaine les œuvres de la charité catholique. Sous le successeur du grand Roi, un de vos aïeux commandait dans nos armées et versait son sang sur les champs de bataille. Depuis, il est vrai, les armes se sont abaissées devant la toge, et sans interruption vos aïeux se sont assis sur les siéges de la justice. C'est ainsi que depuis tantôt vingt années notre Cour de Poitiers compte parmi ses membres distingués un Conseiller à qui ses services ont valu les distinctions les plus honorifiques, sans compter la faveur très appréciée du chef de notre magistrature locale, que recommandent l'estime des bons et la haine des méchants.

Il m'est doux de constater, Mademoiselle, que vous avez puisé largement à la source héréditaire. J'ai vu comment, sous la direction affectueuse d'habiles maîtresses suppléant à la tendresse d'une mère regrettée, vous aviez ouvert votre cœur à la religion et votre esprit aux connaissances les plus utiles et les plus agréables. D'autre part, et c'est une grande qualité, me paraît-il, dans ce siècle si léger, vous excellez, à l'exemple de la femme forte tant louée par l'Ecriture, « à travailler la laine, le lin et la soie, » comme à diriger l'économie domestique de toute une maison. Le Psalmiste compare la femme à « une treille chargée de raisins qui tapisse les flancs de la muraille. » Que de grappes vermeilles, que de fruits savoureux votre époux pourra cueillir à toute heure à cette vigne féconde, sans qu'elle s'appauvrisse jamais !

Puisse, chers Epoux, cette union conjugale, commencée dans le temps sous les plus heureux auspices, se perpétuer toute l'éternité sans jamais souffrir aucune séparation ! Au déclin final d'une vieillesse honorée, au même jour et à la même heure, puissiez-vous descendre dans la même tombe à l'ombre de la croix, dormir côte à côte, comme sur la couche nuptiale, votre dernier sommeil, jusqu'à ce que retentisse éclatante la trompette de la résurrection; alors, écartant le linceul funèbre, vous relever ensemble comme autrefois du lit conjugal, et l'épouse, la main dans la main de l'époux, précédés par les ancêtres et suivis de généra- tions nombreuses, vous incliner sous la main bénissante du Pontife éternel; et votre mariage étant à nouveau consacré, votre jeunesse renouvelée comme celle de l'aigle, com- mencer ces noces bienheureuses du ciel que le mal ne trouble pas, que la séparation n'interrompt point et que le temps n'altère jamais !

IMPRIMÉ PAR CHARLES CAURIT

LE 4 AVRIL 1879

A FONTENAY-LE-COMTE